Mein Vorschulbuch Zeit und Meter

Uhrenlesen, Messen, Wiegen

Schwager & Steinlein

Maßband

Das Maßband ist ein langes Band mit vielen Strichen und Zahlen darauf. Du kannst damit messen, wie breit und hoch dieses Buch ist. Das Maßband zeigt ganz genau die Längen Meter (m), Zentimeter (cm) und Millimeter (mm) an. 10 Millimeter sind 1 Zentimeter, und 100 Zentimeter ergeben 1 Meter. Auf einem Lineal ist das genauso. Messe die roten Kästchen unten mit einen Maßband oder einem Lineal.

Wie breit sind die Kästchen?

1) 

2) 

3) 

4) 

5) 

6) 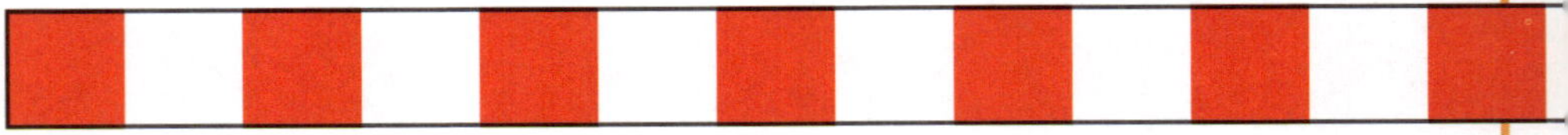

Meine Größe

Nimm ein Maßband, stell dich gerade hin und lass dich von jemandem messen. Wie groß bist du?

Ich bin ____ m groß.

Klein

Das ist Mäxchen. Noch ist er klein, aber eines Tages möchte er einmal ein großer Max werden.

Groß

Du möchtest sicher auch groß werden!
Male dich als Erwachsenen – ganz groß.

Entfernung

Wer kann Kirschkerne aus einer Entfernung von einem Meter auf einen Teller werfen? Wer schafft es aus zwei Metern? Miss den Abstand und probiere es aus.

Eins, zwei, drei …

Knülle Papier zu Kugeln. Leg die erste direkt vor dich hin. Dann wirfst du die zweite ein Stückchen weiter davor, die dritte noch etwas weiter. Haben sie immer den gleichen Abstand?

Baut einen Turm aus Händen. Setzt die Fäuste abwechselnd übereinander. Wird der Turm höher?

Strecke

Wenn du zum Spielplatz gehst, brauchst du nur wenige Minuten, um diese Strecke zurückzulegen. Eine Schnecke würde dafür viele Tage brauchen. Weil sie so langsam kriecht und so klein ist, braucht sie für die gleiche Strecke viel mehr Zeit.

Große Sprünge

Das Riesenkänguru kann mit einem Satz 9 Meter weit springen.
Nimm ein Maßband und miss in deinem Zimmer ab, wie weit das ist.

Ein Rennpferd kann in einer Stunde bis zu 90 Kilometer laufen. Das bedeutet, es rennt sehr schnell.

Eine Gazelle läuft in einer Stunde 50 bis 80 Kilometer weit. Sie ist langsamer als ein Rennpferd, aber immer noch sehr schnell.

Höhe

Peter fliegt im Heißluftballon.
Male, was er durch das Fernglas sieht.

Die Höhe messen

Nicht nur die Länge und die Breite misst man in Metern und Zentimetern. Auch die Höhe gibt man in Metern an.

Wenn etwas sehr hoch ist oder sehr hoch fliegen kann, verwendet man die Maßeinheit Kilometer. 1000 (tausend!) Meter ergeben genau 1 Kilometer.
Die Zugspitze ist der höchste Berg, den es in Deutschland gibt.
Sie ist 2962 Meter hoch, das sind 2 Kilometer und 962 Meter, also fast 3 Kilometer.

Kurz und lang

Peter hat kurze Socken und lange Strümpfe. Male immer ein passendes Paar mit dem gleichen Muster aus.

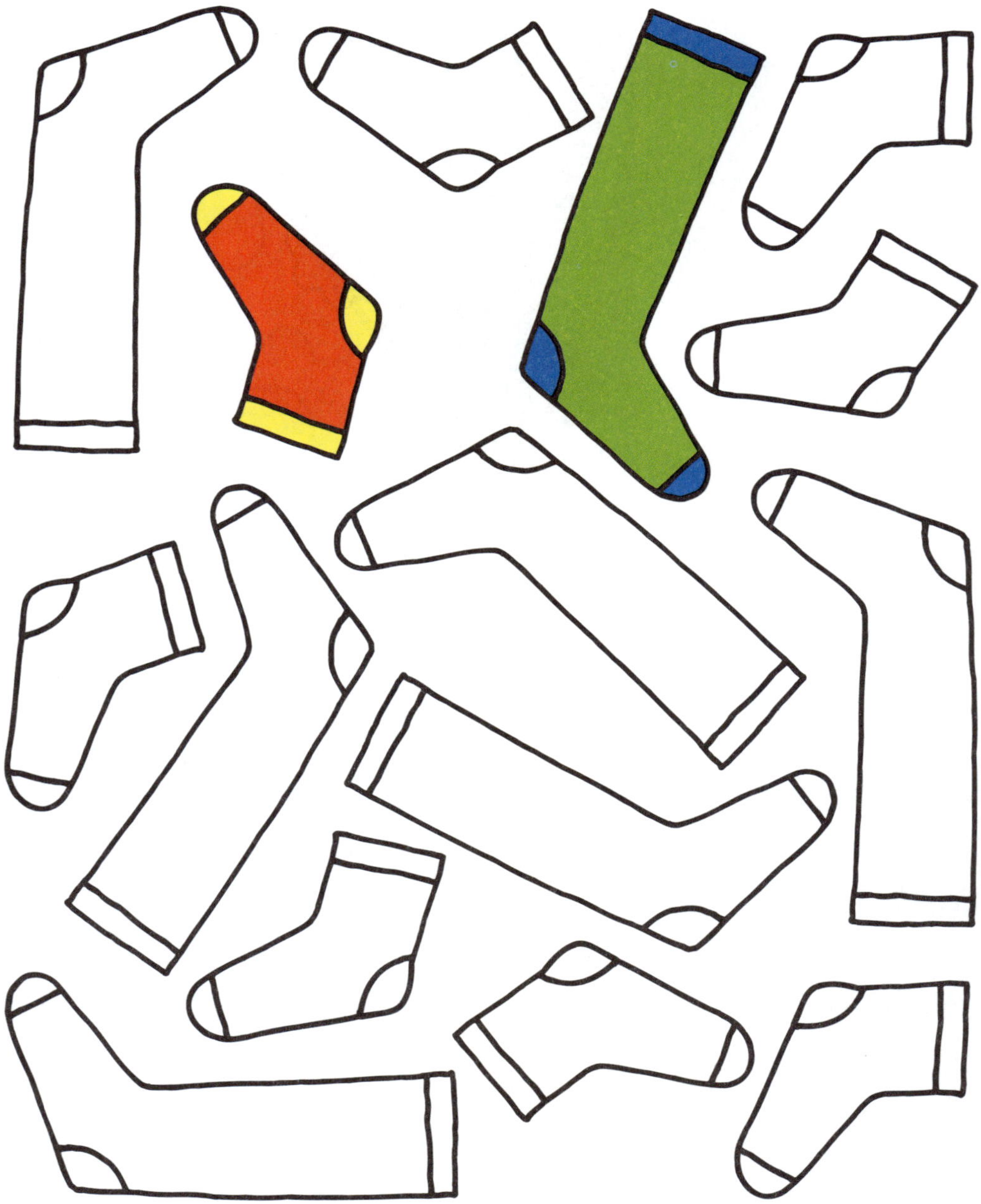

Groß und klein

Hier blühen Blumen in verschiedenen Größen auf der Wiese. Male sie je nach Größe in derselben Farbe aus.

Großes Tier

Das größte Tier, das es heute noch gibt, ist die Giraffe.
Sie lebt in Afrika und kann 5 bis 6 Meter hoch werden.

Längen

Hier findest du die wichtigsten Längen:

Millimeter	Abkürzung:	mm
Zentimeter	Abkürzung:	cm
Meter	Abkürzung:	m
Kilometer	Abkürzung:	km

zehn Millimeter = ein Zentimeter	10 mm = 1 cm
hundert Zentimeter = ein Meter	100 cm = 1 m
tausend Meter = ein Kilometer	1000 m = 1 km

Kleine Längen werden immer in Millimetern angegeben.
Große Entfernungen werden in Kilometern angegeben.

Längen misst du mit einem Lineal, einem Maßband oder einem Zollstock.

Hoch fliegen

Das ist Sophia. Sie lässt heute ihren Drachen steigen.
Es soll ganz hoch hinauf fliegen.

Malen

Sophias Freunde wollen, dass ihre Drachen noch höher steigen. Male die Freunde und ihre Drachen dazu.

Labyrinth

Dackel Hugo möchte vom Berg hinunter.
Welchen Weg muss er nehmen?
Male den richtigen Weg in Rot aus.

Wer ist am größten?

Kennst du diese Tiere? Welches ist das größte?

Wer ist am kleinsten?

Auch diese Tiere kennst du sicher alle.
Aber welches von ihnen ist das kleinste?
Wenn du möchtest, kannst du die Tiere mit
deinen Lieblingsfarben ausmalen.

Malen

Schnell

Mit einem Rennrad kannst du sehr schnell fahren. Schnelle Fahrer schaffen auf einer geraden Straße 50 Kilometer in einer Stunde.

Ein Tourenwagen ist viel schneller. Er kann 200 Kilometer in einer Stunde fahren. Um die Geschwindigkeit von zwei Fahrzeugen zu vergleichen, gibt man immer die Zahl der Kilometer an, die sie in einer Stunde fahren können.

Labyrinth

Max, Ina, Lisa und Mietz wollen Milch holen. Aber wer kommt zur Kuh? Finde den Weg und male ihn an.

Flugobjekte

Kennst du diese Flugobjekte?
Welches von ihnen kann am höchsten fliegen?

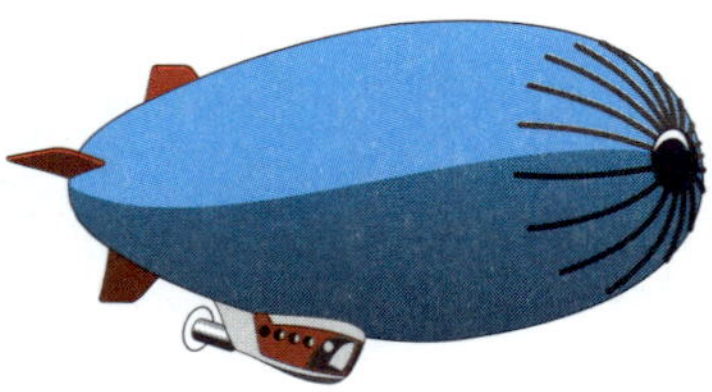

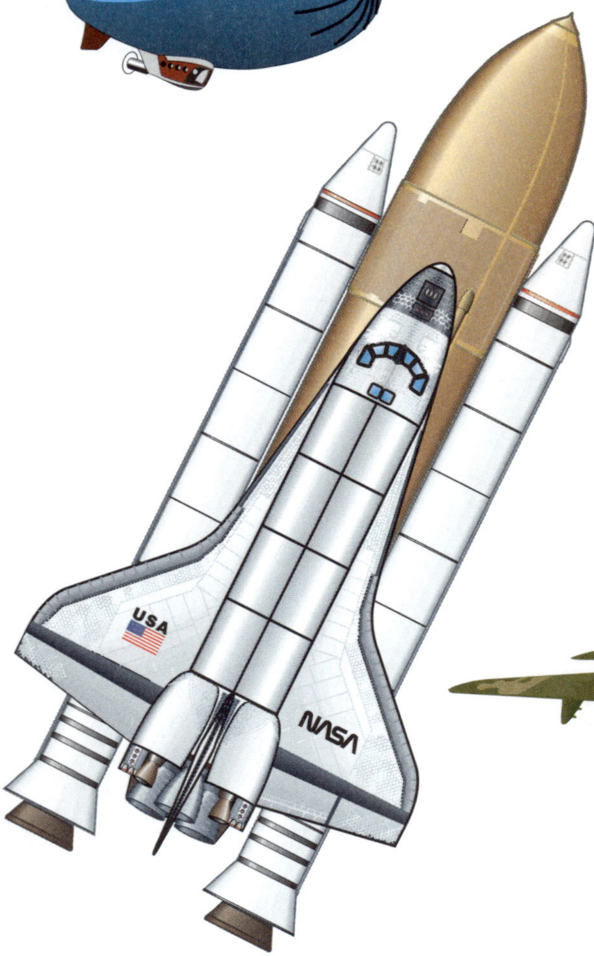

Hoch oben

Wenn du den Himmel betrachtest, kannst du dort manchmal ein Flugzeug erkennen.
Es fliegt ganz weit oben. Die normale Flughöhe eines Flugzeugs beträgt ungefähr 10 000 Meter, das sind 10 Kilometer!

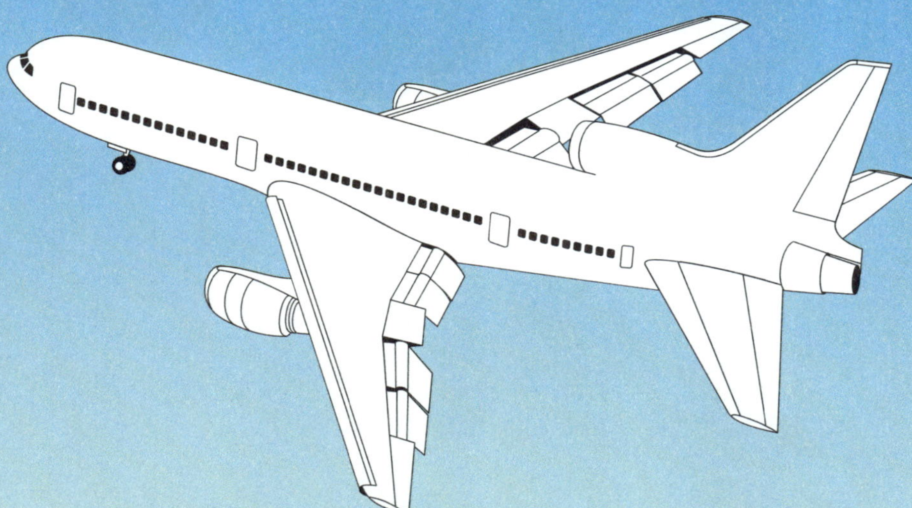

Weit entfernt

1000 = Tausend
10 000 = Zehntausend
100 000 = Hunderttausend
1 000 000 = 1 Million
10 000 000 = 10 Millionen
100 000 000 = 100 Millionen
1 000 000 000 = 1 Milliarde

Weltall

Wenn Astronauten mit ihren Raketen zum Mond fliegen, sind sie lange unterwegs. Denn er ist von der Erde sehr weit entfernt: ungefähr 400 000 (vierhunderttausend) Kilometer!
Die Sonne ist noch viel weiter weg: rund 150 Millionen Kilometer.
Warum kann man die Sonne von der Erde aus sehen?
Ihr Licht ist so stark, dass es die riesige Entfernung bis zu uns auf die Erde schafft.

Erde

Von einem Raumschiff aus sehen die Astronauten die Erde als eine blaue Kugel mit grünen und braunen Flecken drauf. Daher heißt die Erde auch der Blaue Planet. Das Blaue sind die Meere, die Flecken sind die Landmassen.

Mond

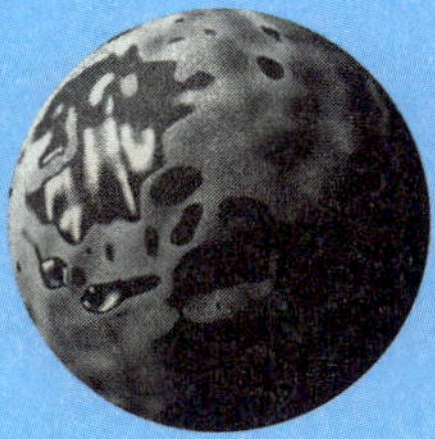

Male ein Raumschiff auf seinem Weg zum Mond.

Malen

Male die Sonnenstrahlen auf ihrem Weg zur Erde.

Lichtgeschwindigkeit

Jeden Morgen geht die Sonne auf, und die Strahlen wärmen alle Lebewesen auf der Erde. Das Licht ist sehr schnell. Man sagt, es bewegt sich mit Lichtgeschwindigkeit. Das Licht der Sonne braucht für die 150 Millionen Kilometer bis zur Erde nur ganze 8 Minuten! So schnell ist weder ein Formel-1-Rennwagen noch eine Rakete.

Malen

Male das Entenmuster in deinen Lieblingsfarben aus.

Uhrzeit

Kannst du schon die Uhr lesen?
Es ist 9 Uhr: Zeichne den Stunden- und den Minutenzeiger richtig ein. Der Stundenzeiger ist der kurze, der Minutenzeiger der lange Zeiger.

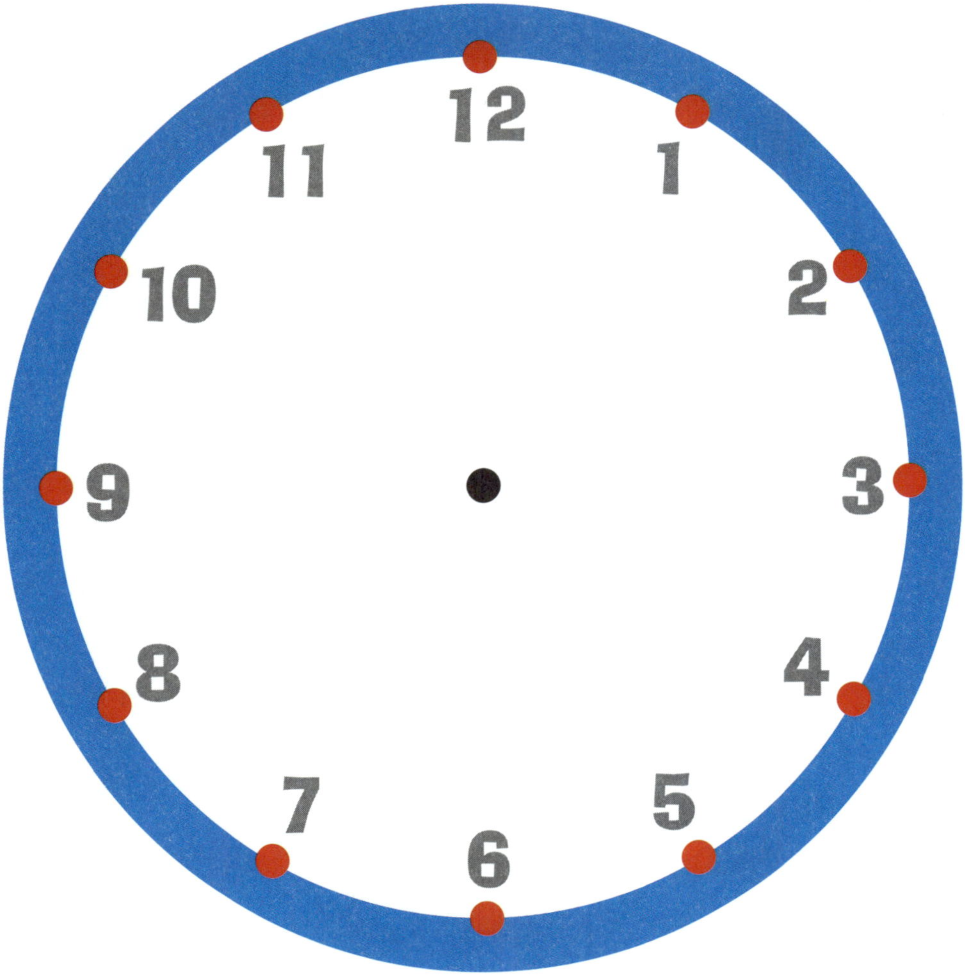

Sekunden

Eine halbe Minute sind 30 Sekunden.
Hast du schon einmal versucht,
so lange die Luft anzuhalten?
Miss mit einer Stoppuhr, wie viele
Sekunden du schaffst.
Ein Delfin kann viel länger die Luft
anhalten. Manchmal taucht er
15 Minuten lang.
Das sind 900 Sekunden.

Uhrzeit

Zeichne den Stunden- und Minutenzeiger richtig ein.

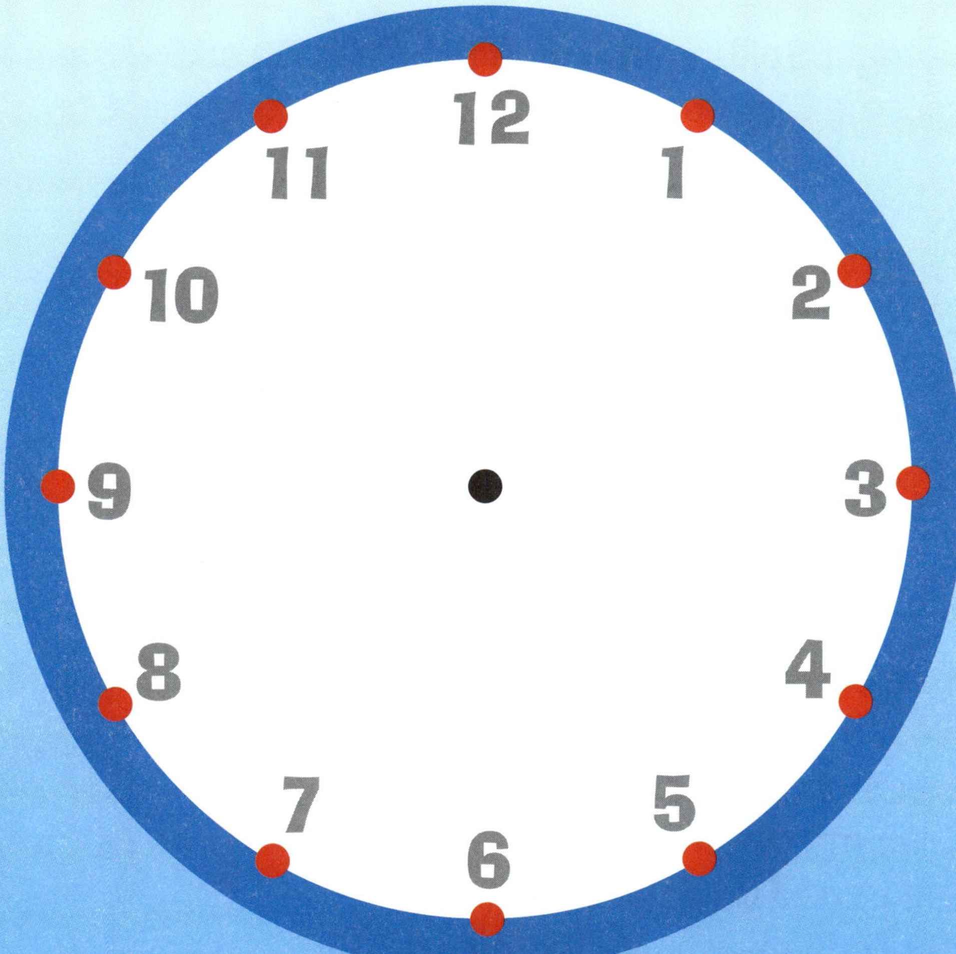

12 Uhr

Zeit

Sekunde	Abkürzung:	sec
Minute	Abkürzung:	min
Stunde	Abkürzung:	h

sechzig Sekunden	= eine Minute	60 sec = 1 min
sechzig Minuten	= eine Stunde	60 min = 1 h

Ein Tag dauert 24 Stunden.

Die Zeit misst du mit der Uhr.
Sehr kurze Zeiten von wenigen Sekunden
misst man mit der Stoppuhr.

Uhrzeit

Zeichne den Stunden- und Minutenzeiger richtig ein.

3 Uhr

Uhrzeit

Zeichne Stunden- und Minutenzeiger richtig ein.

8 Uhr

Uhrzeit

Zeichne Stunden- und Minutenzeiger richtig ein.

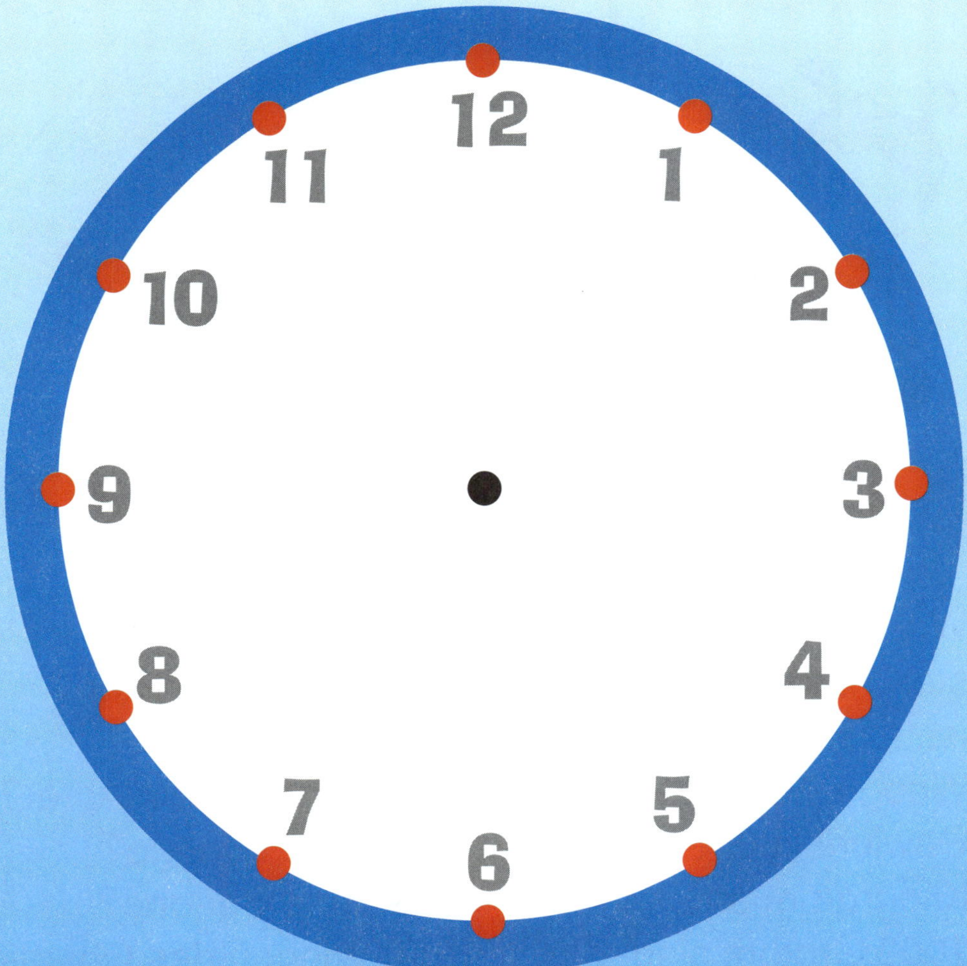

5.30 Uhr

Gewicht

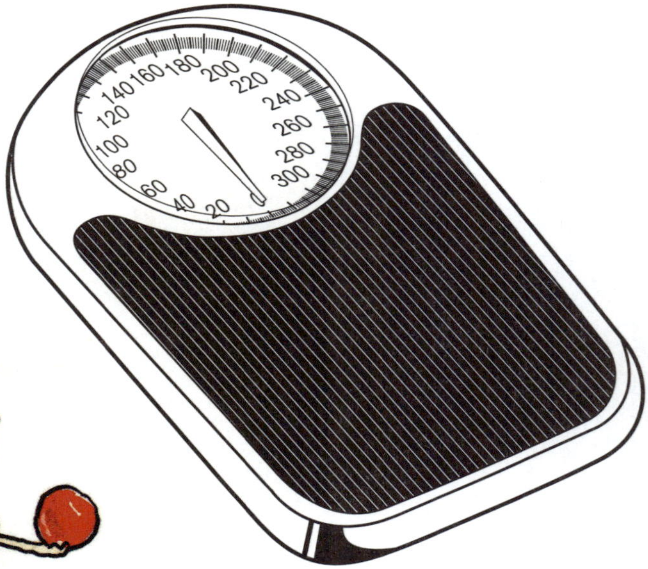

Wie schwer ein Gegenstand oder ein Mensch ist, misst man mit einer Waage. Sie zeigt das Gewicht in Gramm und Kilogramm an.
1000 Gramm sind genau 1 Kilogramm.
Stelle dich auf eine Waage. Wie schwer bist du? Wie schwer ist deine Freundin oder dein Freund?
Wie viel wiegt ein Apfel?
Oder eine Orange?
Oder eine Banane?
Zum Wiegen des Obstes nimmst du am besten die Küchenwaage von deiner Mutter.

Gewicht heben

Gewichtheber heben schwere Gewichte als Sport. Die Gewichte, die außen an der Stange angebracht sind, können mehr wiegen als deine Eltern und du zusammen. Über 200 Kilogramm stemmen die besten Gewichtheber.

Schwer

Das schwerste Landtier auf der Erde ist der Elefant.
Der afrikanische Elefant kann
bis zu 7,5 Tonnen wiegen, das sind 7500 Kilogramm!

Malen

Male diesen Elefanten aus.
Er hat Hunger. Male ihm Blätter, Äpfel und andere Dinge, die er gerne frisst.

Starke Tiere

Der Ochse ist ein starkes Tier. Er kann einen Karren ziehen, der randvoll mit schweren Kisten ist. Daher sagt man zu einem kräftigen Menschen: „Er ist stark wie ein Ochse.“

Eine Ameise ist winzig klein, aber sie ist noch viel stärker als ein Ochse. Sie kann Gewichte schleppen, die sechs- bis siebenmal so schwer sind wie sie selbst. Einige Ameisenarten tragen sogar das 40-fache ihres eigenen Körpergewichtes!

Pferdestärke

Früher, als es noch keine Autos gab, ließen sich die Menschen mit Kutschen durch die Gegend fahren. Ein Pferd kann eine Kutsche mit mehreren Personen problemlos ziehen. Die Kutsche hat 1 PS, das heißt eine Pferdestärke.
Wie viele PS hat euer Auto?

Wasser

Auf dem Wasser schwimmt alles, was leichter ist als Wasser: zum Beispiel ein Luftballon und Holz. Was fällt dir noch ein?

Was ist am schwersten?

Welcher Gegenstand ist der schwerste?
Male ihn in deiner Lieblingsfarbe aus.

Luftballon flieg!

Ein normaler Luftballon kann nicht von alleine fliegen.
Wird er aber mit einem Gas gefüllt, dann schwebt er
in den Himmel, wenn du ihn nicht festhältst.
Male noch viele Luftballons dazu.

Gewichte

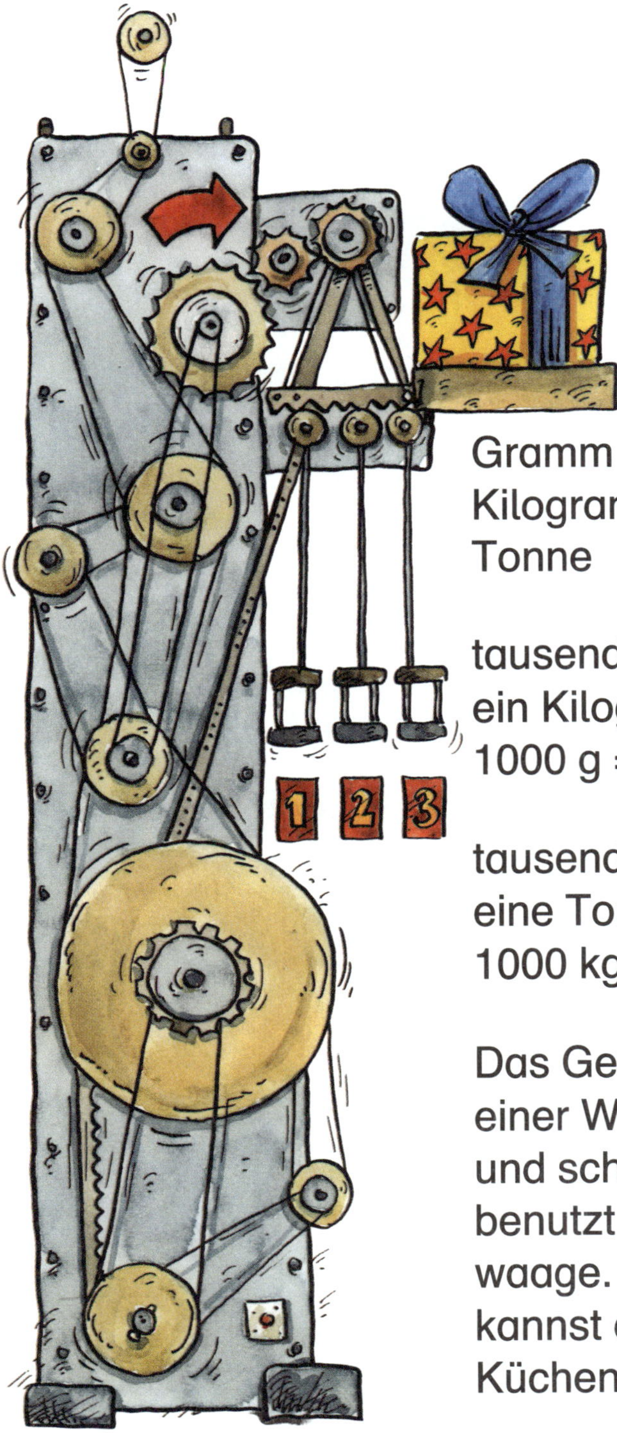

Gramm	Abkürzung:	g
Kilogramm	Abkürzung:	kg
Tonne	Abkürzung:	t

tausend Gramm =
ein Kilogramm
1000 g = 1 kg

tausend Kilogramm =
eine Tonne
1000 kg = 1 t

Das Gewicht wiegst du mit einer Waage. Für Personen und schwere Gegenstände benutzt du eine Personenwaage. Leichte Dinge kannst du mit einer Küchenwaage wiegen.

Labyrinth

Findest du den Weg durch das Küken?

Was ist am leichtesten?

Welcher Gegenstand ist am leichtesten?
Male ihn mit deiner Lieblingsfarbe aus.

Schwer

Welches Tier ist am schwersten?

Leicht

Welches Tier ist am leichtesten?

Hoch

Feuerwehrfahrzeuge haben meist eine Drehleiter, die ausgefahren werden kann.
Die Leitern sind oft 30 Meter lang. Sie werden schräg an ein Haus angelegt, damit die Feuerwehrleute hinaufklettern können. Daher reicht die Leiter in Wirklichkeit nur 23 Meter hoch.

Höher

Kräne heben schwere Gegenstände in große Höhen.
Turmkräne können 60 Meter hoch sein.

Ladegewicht

Lastwagen können schwere Dinge transportieren. Jeder Lastwagen darf nur bis zu einem bestimmten Gewicht beladen werden. Einen 7,5-Tonner nennt man einen kleinen Lastwagen. Er darf nur bis zu einem Gewicht von 7,5 Tonnen beladen werden. Das sind 7500 Kilogramm.

Kreise ein

Kreise immer zwei Kühe ein. Bleibt eine übrig?

Uhrzeit

Zeichne Stunden- und Minutenzeiger richtig ein.

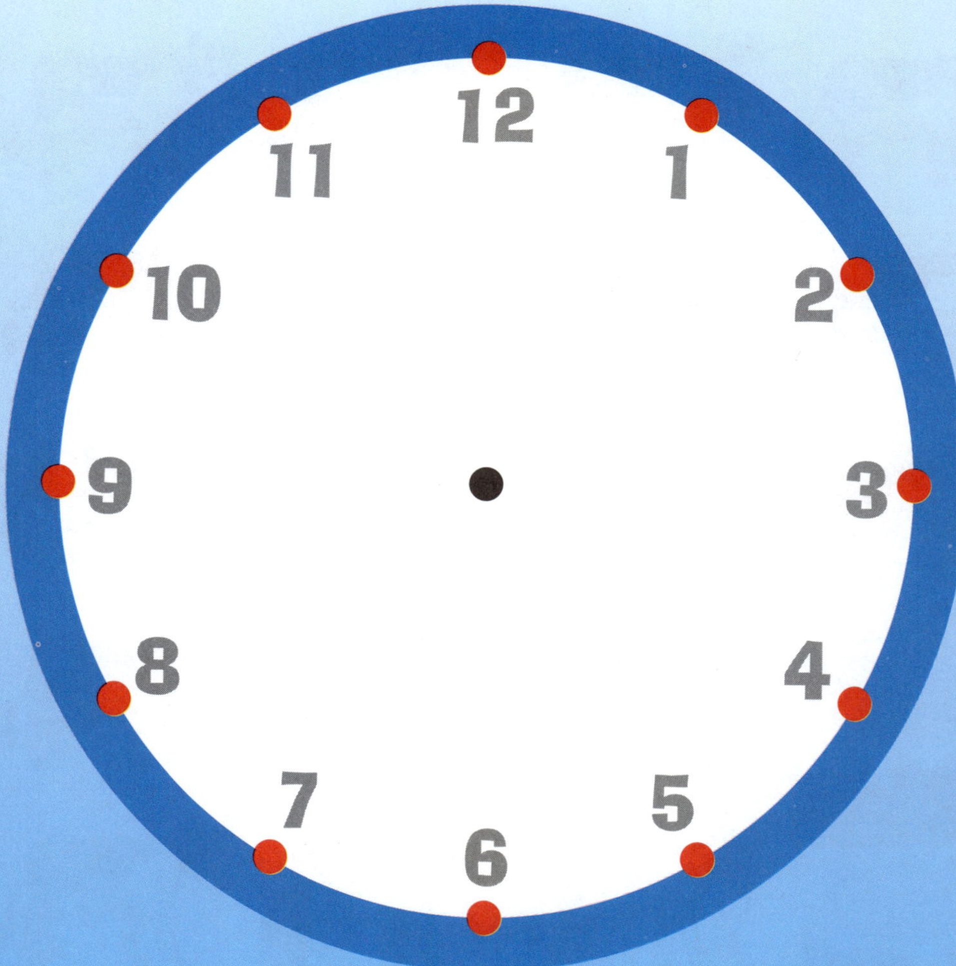

10.30 Uhr

Uhrzeit

Zeichne Stunden- und Minutenzeiger richtig ein.

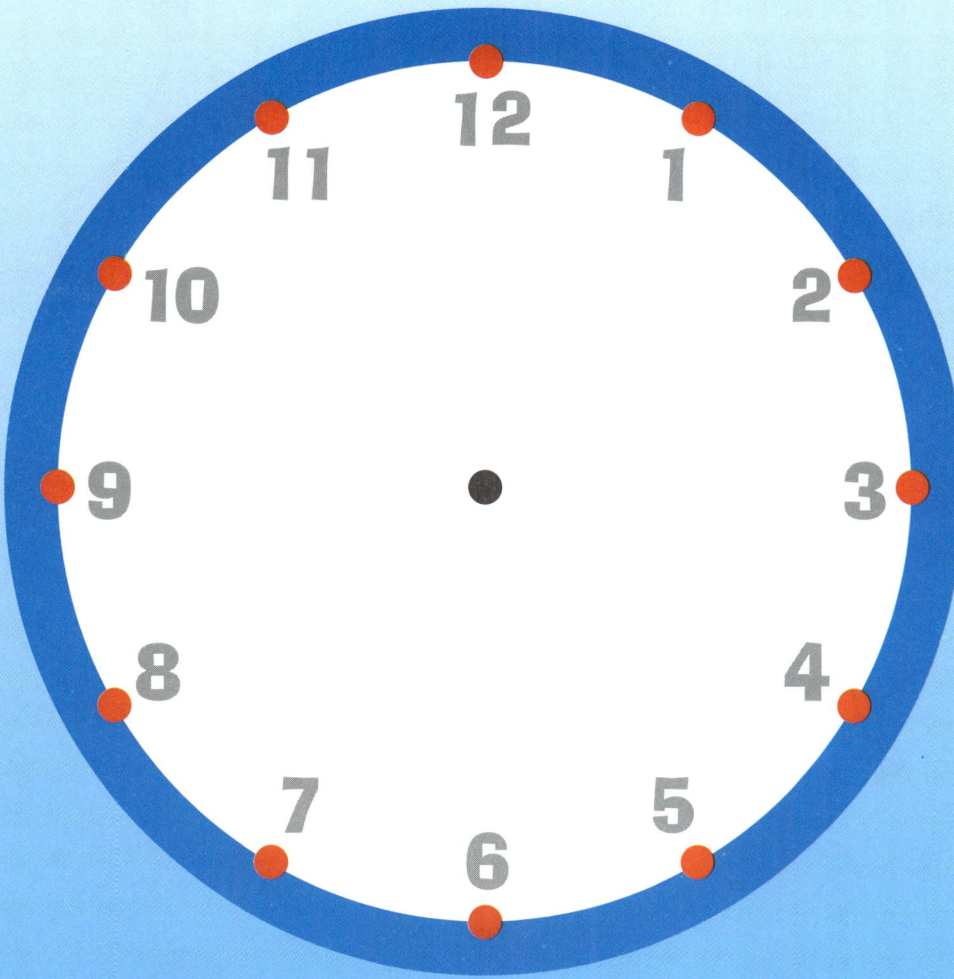

2.15 Uhr

Schritte zählen

Lege einen Stein auf den Boden und einen zweiten 5 Meter entfernt. Jetzt stellst du dich neben den ersten Stein. Mache ganz große Schritte, bis du beim zweiten Stein angekommen bist. Wie viele Schritte hast du gemacht?

Jetzt sind deine Freunde dran. Wie viele Schritte brauchen sie? Spielt das Spiel noch mal mit ganz kleinen Schritten. Wer schafft die meisten Schritte?

Malen

Male das größte und das kleinste Tier, das du kennst.

Schnell

Welches Fahrzeug fährt am schnellsten?

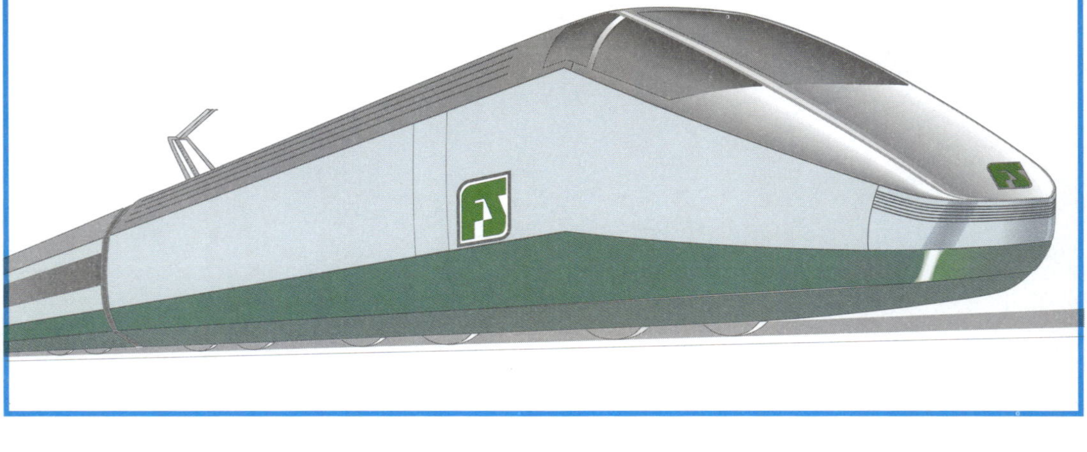

Auf dem Wasser

Die Geschwindigkeit von Schiffen misst man nicht in Kilometern pro Stunde. Wie schnell ein Schiff fährt, wird in Knoten angegeben. „Das Schiff hat einen Knoten“, heißt, das Schiff fährt eine Seemeile in einer Stunde. Seemeile ist ein anderes Maß als Kilometer für die Länge einer Strecke. Eine Seemeile sind ein Kilometer und 852 Meter.

Ein Tragflächenboot fährt 48 Knoten, das sind 90 Kilometer in einer Stunde.

Lösungen

Seite 2:
1) 1 mm, 2) 5 mm,
3) 10 mm = 1 cm,
4) 50 mm = 5 cm,
5) 100 mm = 10 cm, 6) 290 mm

Seite 19: die Giraffe

Seite 20: die Biene

Seite 23: die große Lisa kommt zur Kuh.

Seite 24: die Mondrakete

Seite 33:
9 Uhr

Seite 35:
12 Uhr

Seite 37:
3 Uhr

Seite 38:
8 Uhr

Seite 39:
5.30 Uhr

Seite 46: zum Beispiel ein Papierschiffchen, ein Hut, Schwimmflügel

Seite 47: das Pferd

Seite 51: das Blatt

Seite 52: der Elefant

Seite 53: das Eichhörnchen

Seite 57: Ja, eine bleibt übrig.

Seite 58:
10.30 Uhr

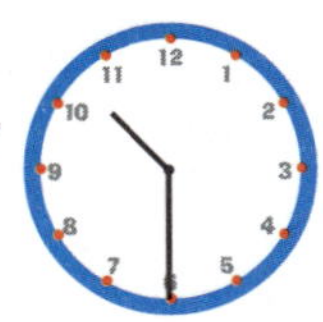

Seite 59:
2.15 Uhr

Seite 62: der Formel-1-Rennwagen

Emil-Hoffmann-Straße 1, D-50996 Köln
Konzept und Umsetzung: Medienprojekte München
Art. Nr. 11972
ISBN 978-3-89600-972-2

www.schwager-steinlein-verlag.de